Para Holly y Mama
Serve, salseras de
corazón. — **JA**

For Holly and Mama
Serve, salsa lovers from
the heart. — **JA**

Para los chiquitos
pero picosos. — **DT**

For the ones that are
little but spicy. — **DT**

Text copyright © 2015 by Jorge Argueta
Illustrations copyright © 2015 by Duncan Tonatiuh
English translation copyright © 2015 by Elisa Amado
Published in Canada and the USA in 2015 by Groundwood Books

Groundwood Books / House of Anansi Press
110 Spadina Avenue, Suite 801, Toronto, Ontario M5V 2K4
or c/o Publishers Group West
1700 Fourth Street, Berkeley, CA 94710

We acknowledge for their financial support of our publishing program the Government of Canada through the
Canada Book Fund (CBF).

Library and Archives Canada Cataloguing in Publication
Argueta, Jorge, author
Salsa : un poema para cocinar / escrito por Jorge Argueta ; ilustrado
por Duncan Tonatiuh ; traducción de Elisa Amado = Salsa : a cooking
poem / words by Jorge Argueta ; pictures by Duncan Tonatiuh ; translated by Elisa Amado.
Issued in print and electronic formats.
Text in Spanish and English.
ISBN 978-1-55498-442-8 (bound). — ISBN 978-1-55498-443-5 (pdf)
1. Salsas (Cooking) — Juvenile poetry. 2. Cooking — Juvenile poetry.
3. Cookbooks. I. Amado, Elisa, translator
II. Tonatiuh, Duncan, illustrator III. Title.
PQ7539.2.A67S35 2015   j861'.64   C2014-905620-6
C2014-905621-4

The illustrations were hand-drawn and then collaged digitally.
Design by Michael Solomon
Printed and bound in Malaysia

SALSA

Un poema para cocinar

•

A Cooking Poem

ESCRITO POR / WORDS BY

JORGE ARGUETA

ILUSTRADO POR / PICTURES BY

DUNCAN TONATIUH

Traducción de / Translated by

Elisa Amado

GROUNDWOOD BOOKS / HOUSE OF ANANSI PRESS

TORONTO   BERKELEY

En mi casa
hay una piedra de moler.
Es negra como la noche
y tiene tres patitas.
Se le llama molcajete.

Los molcajetes son hechos de lava,
piedra de los volcanes.
La lava nace del volcán cuando está en erupción,
toda roja, piedra de fuego.
Cuando se enfría se vuelve piedra negra
de la cual se hacen los molcajetes.

☼

In my house
there is a stone bowl.
It's black as the night
and stands on three little feet.
It's called a molcajete.

Molcajetes are made out of lava —
volcanic rock.
Lava is born when volcanoes erupt,
spitting out fiery red stone.
When the stone gets cold, it turns black.
This is what molcajetes are made of.

Me dice mi mamá
que el molcajete
era como la licuadora
para nuestros antepasados.

Los nahua, aztecas y mayas
utilizaban el molcajete
para moler tomates, chile,
achiote, maíz y cacao también.

El molcajete es como una olla chiquita.
Se usa con un tejolote, también hecho de lava,
para moler verduras y especies.

☼

My mother tells me
molcajetes were
our ancestors'
blenders.

Nahua, Aztec and Maya people
used molcajetes
to grind tomatoes, chilies,
achiote, corn and cocoa, too.

The round molcajete
is used with a tejolote, also made of lava,
to grind vegetables and spices.

Todos los fines de semana
en mi casa hacemos salsa roja o salsa verde.
Utilizamos como nuestros antepasados el molcajete,
y mientras la hacemos bailamos y cantamos salsa.

Usamos tomates bien chapuditos
para la salsa roja,
y tomatillos bien verdecitos
para la salsa verde.
La salsa que voy a preparar ahora
es roja.

☼

Every weekend
we make red or green salsa at my house.
Just like our ancestors we use the molcajete,
and while we make it we dance and sing salsa.

We use chubby-cheeked red tomatoes
for red salsa,
and green tomatillos
for green salsa.
The salsa I am going to make now
is red.

Ya tengo listos cuatro tomates.
Son bongos y timbales.
La cebolla es una maraca.
Los ajos son trompetas,
y el cilantro un director de orquesta
con su pelo verde todo despeinado.

Para que la música sea alegre,
no hay que olvidar los chiles.
A mi familia le encanta lo picante.

A nuestra salsa
siempre le ponemos chiles.
Ummm, qué rico picante y sabor burbujeante.
Comer chile es como estar bailando
entre arcoíris y estrellas.

☼

I am ready with four tomatoes.
They are bongos and kettledrums.
My onion is a maraca.
Cloves of garlic are trumpets,
and the cilantro is the orchestra conductor
with his shaggy, green hair.

For the music to be really spicy,
it's important to use chilies.
My family loves hot peppers.

We always put hot peppers in our salsa.
Ummm, the hotness is so delicious.
The bubbly taste of chilies
makes me feel like I'm dancing among
rainbows and stars.

Hay chiles verdes.
Al morderlos nos apagamos y encendemos
como si fuéramos luciérnagas.

Hay chiles con cara de abuelo
y chiles con cara de abuela.
Hay chiles rojos
como llamitas.
Al morderlos nos calientan la lengua
como si tuviéramos en la boca una lucecita.

Hay chiles morados
como si se hubieran tragado un atardecer,
chiles amarillos como gotitas de miel
y hasta chiles redonditos como perlitas verdes.

☼

There are hot green chilies.
One bite and we turn into fireflies,
flashing on and off.

There are chilies with faces like a grandfather
and chilies with faces like a grandmother.
There are red chilies
like little flames.
When we bite one our tongue gets hot,
as if we had a tiny light on in our mouth.

There are purple chilies
that look like they swallowed the sunset,
yellow chilies like drops of honey
and even little round chilies like green pearls.

Con estos maravillosos
y sabrosos instrumentos
voy a cantar,
voy a bailar,
y hacer una deliciosa salsa.

Salsa para los totopos,
salsa para los tacos,
salsa para los frijoles.
En fin, salsa para comer con todo.

✵

Now with these marvelous
and delicious instruments
I am going to sing,
I am going to dance,
I am going to make a delicious salsa.

Salsa for tortilla chips,
salsa for tacos,
salsa for beans —
salsa to eat with everything.

Pon
Pin
Pon
Pon los tomates,
el cilantro
y los chiles
en una olla timbal.
Llévalos a lavar
al riachuelo
de tu lavadero.

Tlan-tlan-tlin
Kan-kan-kan
Brota cantando el agua.

※

Bing
Bang
Bing
Bring the tomatoes,
the cilantro
and the hot peppers
in a kettledrum bowl
to be washed
in the river
of the sink.

Splash, rush, gush,
whoosh, splash, splish
The water pours out singing.

Los tomates,
el cilantro
y los chiles
se bañan
y tocan música de pitos,
de marimba,
de tambores,
de maracas,
de bongos
y timbales.

Ya bien lavaditos
los tomates,
el cilantro
y los chiles,
llévalos a la mesa.

☼

The tomatoes,
the cilantro
and the chilies
bathe and make music
of whistles,
marimbas,
drums,
maracas,
bongos
and kettledrums.

Once they are all clean,
take the tomatoes,
the cilantro
and the chilies
to the table.

Ahí los esperan las cebollas
y los ajos.

Les quito a los ajos y a la cebolla
la cascarita.
Corto los tomates
y las cebollas en trocitos*
y los pongo en mi molcajete
con las trompetas de mis ajos
y el cilantro que sigue dirigiendo la orquesta
de esta salsa.

☼

The onion
and garlic are waiting.

I peel
the onion and garlic.
I cut the tomatoes
and onion into little cubes*
and put them in the molcajete,
with the garlic trumpets
and the cilantro, too,
as it keeps conducting
the salsa orchestra.

Con el tejolote de mi molcajete
voy machacando despacito
los tomates,
la cebolla,
los ajos,
el cilantro
y el chile.
Ummmm, qué rico huele esta salsa.

Prac-presh-rrrick-rrrick
suena la piedra de moler del molcajete.
Muelo y machaco.

☼

With the tejolote of my molcajete
I slowly crush
the tomatoes,
the onion,
the garlic,
the cilantro
and the red chilies.
Ummmm, how delicious this salsa smells.

Prac-presh-rrrick-rrrick
is the sound of stones crushing
together.
I grind and I crush.

Qué suavecita.
Qué rojita.
Qué jugosa.
Ahora corto el limón*
redondo y verde como un mundo lleno de jugo.
Sus semillas son las notas bajas
de la música.
Le echo un chorrito de jugo de limón
y removemos la salsa
con el saxofón de mi cuchara.

⚙

How soft.
How red.
How juicy.
Now I cut the lime,*
green and round like a juicy world,
filled with seeds
that are the low notes of the music.
I squeeze a river of lime into the salsa,
and we stir
with my saxophone spoon.

No tiro las semillas,
notas bajas que están en el centro del limón.
Las pongo en el timbal
con las cáscaras de los ajos y las cebollas.
Las entierro para que se conviertan en abono,
para que nuestra Madre Tierra,
pin-pon-klan-klan-ta-ta-ra-ta-ta
siga bailando y cantando salsa,
dándonos más árboles de limón,
más sabor de tomates,
chile,
cilantro
y cebollas.

☼

I don't throw away
the low-note seeds of the lime.
I put them in my kettledrum bowl
with the onion and garlic peels.
I bury them in my garden so they can become soil.
So Mother Earth,
pin-pon-klan-klan-ta-ta-ra-ta-ta,
will keep dancing and singing salsa,
giving us more lime trees,
more tomatoes,
red peppers,
cilantro
and onions.

Ahora sólo falta agregarle
las notas altas de la sal.
Le echo sal al gusto,
bailando salsa alrededor
de mi molcajete.
Esta salsa me hace
sentirme salsero.

☼

Now all you need
are the high notes of salt.
I sprinkle it and taste,
dancing salsa
around my molcajete.
This salsa makes me feel
like a salsa dancer.

Mi mamá viene a calentar las tortillas,
y viene bailando salsa.
Mi papá, bailando salsa, saca los platos
del trastero.
Mi hermanito viene bailando salsa.
Mi hermanita viene bailando salsa.
Mi gata Nube
y mi perro Mango
vienen bailando salsa también.

☼

My mother warms up tortillas,
and she's dancing salsa.
My father is dancing salsa as he lays out the plates.
My little brother is dancing salsa.
My little sister is dancing salsa.
My cat, Cloud, and
my dog, Mango,
are dancing salsa, too.

Ummmm, qué rica
esta salsa.
Salsa roja,
sabor de amor.

❁

Ummmm, it's so delicious
this salsa,
red salsa.
It tastes like love.